BEI GRIN MACHT SICH IHR
WISSEN BEZAHLT

AF141752

- Wir veröffentlichen Ihre Hausarbeit,
  Bachelor- und Masterarbeit

- Ihr eigenes eBook und Buch -
  weltweit in allen wichtigen Shops

- Verdienen Sie an jedem Verkauf

Jetzt bei www.GRIN.com hochladen
und kostenlos publizieren

Dawid Niewiarowski

Ernährungskonzept für einen Wettkampfsportler mit individuell angepasstem Ernährungsprogramm

GRIN Verlag

Bibliografische Information der Deutschen Nationalbibliothek:

Die Deutsche Bibliothek verzeichnet diese Publikation in der Deutschen National-
bibliografie; detaillierte bibliografische Daten sind im Internet über http://dnb.d-
nb.de/ abrufbar.

Impressum:

Copyright © 2013 GRIN Verlag GmbH
Druck und Bindung: Books on Demand GmbH, Norderstedt Germany
ISBN: 978-3-656-56918-3

Dieses Buch bei GRIN:

http://www.grin.com/de/e-book/266438/ernaehrungskonzept-fuer-einen-wettkampfs-
portler-mit-individuell-angepasstem

GRIN - Your knowledge has value

Der GRIN Verlag publiziert seit 1998 wissenschaftliche Arbeiten von Studenten, Hochschullehrern und anderen Akademikern als eBook und gedrucktes Buch. Die Verlagswebsite www.grin.com ist die ideale Plattform zur Veröffentlichung von Hausarbeiten, Abschlussarbeiten, wissenschaftlichen Aufsätzen, Dissertationen und Fachbüchern.

Besuchen Sie uns im Internet:

http://www.grin.com/

http://www.facebook.com/grincom

http://www.twitter.com/grin_com

Abschlussarbeit
Sporternährung

6. Dezember
2013

Ein Ernährungskonzept für einen Wettkampfsportler mit individuell
angepasstem Ernährungsprogramm

Dawid Niewiarowski

Inhaltsverzeichnis

1. Einleitung

Das Thema dieser Abschlussarbeit befasst sich mit Aspekten einer fachgerechten Ernährungsberatung für ein spezifisches Praxisbeispiel. Ich wähle an dieser Stelle den Wettkampfsportler Herr Strauss, er trainiert viel und ehrgeizig in einem Fitnessstudio und möchte in 2 Jahren an einem Wettkampf in der Fitnessklasse teilnehmen.

Das Ernährungskonzept umfasst eine Auswertung seiner Daten zur Körpermessung, ein Entwurf seines Gesamtkalorienbedarfs, sowie auch die Verteilung der zugeführten Nährstoffe. Dabei wird vom Kunden ein Ernährungsprotokoll erstellt und fachgerecht evaluiert, dies geschieht im Hinblick auf die sportliche Leistung und den individuellen Bedarf. Mögliche Ernährungsfehler werden aufgezeigt und Alternativen ausgearbeitet. Es wird auch auf Nahrungsergänzungsmittel eingegangen

1.1 Zum Praxisbeispiel

Herr Strauss ist 23 Jahre alt, berufstätig im betriebswirtschaftlichen Bereich und trainiert ehrgeizig 6-mal pro Woche, für ca. 90 min in einem Fitessstudio.

Daten:

Größe: 1,76 m
Gewicht: 80 kg
Körperfettanteil: 11 %
Hüftumfang: 82 cm
Taillenumfang: 80 cm
Fettfreie Körpermasse: 71,2 kg

Es ergibt sich ein BMI von 25,8. Das bedeutet, dass Herr Strauss leichtes Übergewicht hat, bedingt durch große Muskelmasse. Bei einem Körperfettanteil von 11% ist der BMI von 25,8 als gut bzw. exzellent einzuordnen. Der Körperfettanteil ist überdurchschnittlich gering, gehört aber zum Idealbild des Fitnesssports. Der Taille-Hüft-Quotient liegt bei 1,03 und überschreitet das empfohlene Verhältnis von 1,0 geringfügig. Das Fettverteilungsmuster ist dennoch als gut einzustufen.

1.2 Gesamtenergiebedarf und die Nährstoffzufuhrempfehlung

Energiebedarf

Grundumsatz: $= 80 * 1 * 24 = \underline{1920 \text{ kcal}}$

Leistungsumsatz:

Tätigkeit (Dauer der Tätigkeit)	PAL-Faktor
8 Stunden berufliche Tätigkeit	1,4 * 8 = 11,2
8 Stunden Freizeit	1,6 * 8 = 12,8
8 Stunden Schlaf	1,0 * 8 = 8,0
Summe: 24 Stunden	Summe: 32

Durchschnittswert (PAL): 32 / 24 Stunden = 1,33

Gesamtenergieumsatz = Grundumsatz * Summe Palfaktor

$$1920 \text{ kcal} * 1,33 = 2554 \text{ kcal}$$

Die Differenz zwischen dem Grundumsatz und den Gesamtenergieumsatz ist der Leistungsumsatz.

Es ergibt sich ein Leistungsumsatz von 634 kcal Die 90 Minütige sportliche Aktivität hat einen Energieverbrauch von ca. 426 kcal, dieser Wert wäre an Sport freien Tagen vom Gesamtenergieumsatz abzuziehen.

Der Gesamtenergiebedarf setzt sich zusammen aus dem Produkt des gesamten Energieumsatzes und der nahrungsinduzierten Thermogenese:

$$2554 \text{kcal} * 1,06 = \underline{2707 \text{ kcal}} = \textbf{Gesamtenergiebedarf}$$

2. allgemeine Ernährungsempfehlungen

2.1 Grundlagen einer ausgewogenen und ernährungsphysiologisch sinnvollen Basis-Ernährung

In unserer Kultur herrschen Leitbilder einer gesunden Basis-Ernährung. Diese Empfehlungen haben oftmals wissenschaftlichen Hintergrund und können der allgemeinen Bevölkerung, als Leitfaden für eine ausgewogene Ernährung dienen. Mikronährstoffe beispielsweise können vom Körper nicht selbst hergestellt werden. Darunter versteht man Vitamine, Mineralstoffe und sekundäre Pflanzenstoffe, die an zahlreichen Stoffwechselprozessen beteiligt sind. Deswegen müssen sie durch die Nahrung zugeführt werden. Die Deutsche Gesellschaft für Ernährung hat daher den Slogan „5 am Tag" entwickelt. Damit ist gemeint, dass täglich 5 Portionen Obst und Gemüse gegessen werden sollten, da diese besonders reichhaltig an Mikronährstoffen sind. Zwei Portionen Obst und 3 Portionen Gemüse gelten als die Mindestzufuhrmenge um den täglichen Bedarf an Mikronährstoffen zu decken.

Ein weiteres Thema bei der Gesunderhaltung des Organismus sind Ballaststoffe, sie fördern die Verdauung und senken den Cholesterinspiegel im Blut. Die unverdaulichen

2

Nahrungsbestandteile sind z.B. in Kohlenhydratquellen, wie Vollkornbrot oder Kartoffel enthalten und gut kombinierbar mit proteinhaltigen Nahrungsmitteln.

Auch für das Protein gibt es Befürwortungen. Bestimmte Aminosäuren sind für den Körper essentiell, um Mangelsymptome zu vermeiden, sollte man auf hochwertige Eiweißquellen wie z.b. Fleisch, Fisch aber auch Tofu und Hülsenfrüchte.

Ein weiterer zentraler Nährstoff ist das Fett. Heute Zutage gilt es auf die richtigen Fette zu zugreifen. Bestimmte Fettsäuren sind ebenfalls essentiell. Der Einsatz von Olivenöl, 2-3 Portionen Seefisch oder auch Nüssen, stellt sicher, dass die richtigen, u.a. auch mehrfach ungesättigte Fettsäuren, zugeführt werden.

Da der menschliche Körper zum größten Teil aus Wasser besteht, ist die Flüssigkeitszufuhr ein weiteres Kernelement einer gesunden Ernährung. Auch hier muss eine richtige Wahl getroffen werden. Viel Wasser und ungesüßte Tees sind zu empfehlen und eine Einschränkung von Kaffee und gezuckerten Limonaden, stellen den richtigen Konsum sicher.

Der Spruch aus dem Volksmund Morgens wie ein Kaiser, Mittags wie ein König und Abends wie ein Bettler, deutet bereits darauf hin wie wichtig es ist regelmäßig Mahlzeiten aufzunehmen, um eine kontinuierliche Versorgung mit Nährstoffen zu gewährleisten. Dabei sollte man sich auch auf das Essen konzentrieren und sich nebenbei nicht Ablenken mit Fernsehen oder Zeitung lesen.

Schließlich spielt auch die richtige Zubereitung der Lebensmittel eine wichtige Rolle, damit sie nicht an Gehalt verlieren. Einige Nährstoffe sind empfindlich gegenüber Licht, Luftsauerstoff oder Hitze. Vor allem Obst und Gemüse bedürfen einer richtigen Behandlung und desweiteren ist auf Nährstoffschonende Garverfahren zu achten.

2.2 Grundlegende Ernährungsempfehlungen für den Kraftsport

Das Ziel beim Bodybuilding ist die Vergrößerung der Muskulatur, dabei wird von den Sportlern in der Regel auch versucht den Anteil an Körperfett gering zu halten. Da die Erhöhung der Maximalkraft eine wichtige Rolle spielt, ist das Bodybuilding dem Kraftsport zuzuordnen. Die Verwirklichung dieser Ziele erfordert neben dem Training, auch spezifische Ernährungsstrategien.

Die Rolle des Proteins hat hier einen wichtigen Stellenwert. Die Tatsachen liegen auf der Hand, Eiweiß ist der Grundbaustein der Zellen aller Lebewesen. „Zusammenfassend kann man folgern, dass intensiv anaerob und aerob trainierende Bodybuilder den wahrscheinlich größten Eiweißbedarf von allen Sportlern haben, da ihre Trainingsformen in einem gesteigerten Proteinstoffwechsel resultieren." (Gießing, 2007, 169). Intensives Muskeltraining zerstört Muskuläre Zellstrukturen, die wiederum aufgebaut werden müssen.

Laut den Ernährungsempfehlungen für Kraftsportler sollten 25 – 35% der Gesamtenergieaufnahme aus Eiweiß stammen. Am Beispiel von Herrn Strauß bedeutet dies, dass die zugeführte Menge an Protein bei ihm zwischen 156g – 218g liegen kann. Wichtig ist, dass vor allem hochwertige Proteine zugeführt werden und es empfiehlt sich die Mahlzeiten sinnvoll über den Tag zu verteilen und an die Trainingseinheiten anzupassen. Es können beispielsweise an Trainingsfreien Tage weniger Kohlenhydrate gegessen werden, weil die intensive Belastung ausbleibt.

Die Zufuhrempfehlungen für die Kohlenhydrate sind nicht mit den Empfehlungen für Ausdauersportler zu vergleichen, dennoch sind sie für den Energiestoffwechsel unverzichtbar. Im Kraftsport sollte die Nährstoffverteilung der Kohlenhydrate zwischen 30 – 45% der Gesamtenergieaufnahme liegen. Wie auch beim Protein liefert 1g Eiweiß 4,1 kcal umgerechnet entspricht das einem Anteil von 187g – 280g der täglichen Zufuhrempfehlung an Kohlenhydraten für Herrn Strauss. Diese sorgen für gut gefüllte Glykogenspeicher und das wirkt sich wiederum auch positiv auf die Kraftentwicklung aus.

Die Zufuhr von Fetten sollte wie auch bei anderen Sportarten gering gehalten werden. Bei einem hohen Trainingspensum lässt es sich nicht vermeiden den hohen Energieverbrauch auch durch einen bestimmten Anteil an Fetten in der Nahrung zu decken. Daher kann die Zufuhr von Fetten bei Sportlern zwischen 25 – 35% der Gesamtenergieaufnahme liegen. Am Beispiel des Kunden Herr Strauss, entspricht das einem Fettanteil in der Nahrung von 68g – 96g.

Auf der folgenden Abbildung lässt sich erkennen wie die Nährstoffverteilung mengenmäßig, bei Kraftsportlern, in etwa aussehen sollte.

Nährstoffverteilung bei Kraftsportlern

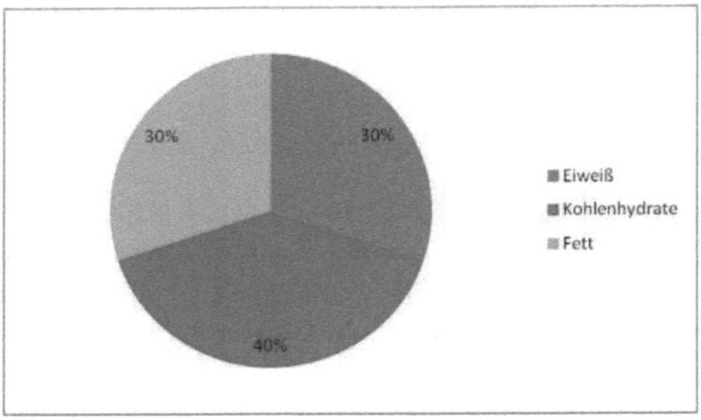

Abbildung 1

Im Gegensatz dazu sieht man auf der zweiten Abbildung die Nährstoffzufuhrempfehlung für Nichtsportler.

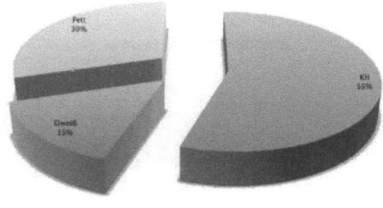

Abbildung 2

Bei Betrachtung der beiden Abbildungen lässt sich erkennen, dass die Nährstoff-Verteilungsempfehlungen bei Sportlern auf einen erhöhten Proteinbedarf aufweisen

3 Der Beratungsprozess

3.1 Die Anamnese

Bevor die Ernährungsberatung beginnt ist es wichtig die gesundheitliche Verfassung des Kunden anhand einer Anamnese durchzuführen.

Kurzanamnese

Name	Strauss	Geburtsdatum	17.07.1990	Gewicht	80kg
Vorname	Georg	Alter	23	Berater	Herr Niewiarowski

Biometrische Daten

Größe	1,76 cm		Brustumfang	110cm
Gewicht	80kg		Bauchumfang	80cm
Blutdruck	110mmHg/80mmHg		Hüftumfang	82cm
Ruhepuls	85 Schläge/Min		Oberschenkelumfang	80cm

Körpergewicht (kg)

$$BMI = \frac{\text{Körpergewicht (kg)}}{\text{Körpergröße (m)}^2} = \underline{25,8} \qquad \text{Auswertung: Exzellent, da geringer Körperfett Anteil.}$$

Taillenumfang

Apfeltyp, wenn

☐ Frauen > 88 cm ☐ Männer > 102 cm

Bioimpendanzanalyse oder Hautfaltenmessung

Gesamtkörperfettgehalt <u>8,8</u>_____ kg <u>11</u>_____ %

Körperwassergehalt <u>39,2</u>_____kg <u>49</u>_____ %

Muskelmasse <u>32</u>_____kg <u>40</u>_____ %

Blutfettwerte / Cholesterinwerte

Cholesterin, gesamt <u>165</u>_____mg/dl LDL-Cholesterol <u>120</u>_____mg/dl

Triglyceride <u>160</u>_____mg/dl HDL-Cholesterol <u>45</u>_____mg/dl

Aus der Anamnese ist ersichtlich, dass Herr Strauss sich in einer gesunden und fitten körperlichen Verfassung befindet. Sein Körperfett ist in Ordnung, genauso wie sein BMI, Blutdruck und die Cholesterinwerte. Das deutet auf kein erhöhtes Arteriosklerose Risiko hin, bzw. auf andere Begleiterkrankungen einer schlechten körperlichen Verfassung, hin. Sein eigenes Essverhalten, schätzt der Kunde allerdings als mäßig gesund ein. An dieser Stelle wird das von ihm dokumentierte Ernährungsprotokoll betrachtet und ins Detail genommen. Es wird auf die Nährstoffverteilung, die Gesamtkalorienzahl und eventuelle Ernährungsfehler bzw. die Eignung der Lebensmittelwahl eingegangen. Anschließend wird auf alternative Vorschläge zu den Mahlzeiten und Getränken eingegangen.

3.2 Das Ernährungsprotokoll

Ernährungsprotokoll von Herr Strauß 1 Tag

Mahlzeiten	Uhrzeit	Speisen/Menge	Getränke	Situation	Alternative
Frühstück	06.00	3 Scheiben Vollkornbrot mit Frischkäse, Ei und Tomate	1 Eiweißshake (0,5 l)		
Zwischenmahlzeit	10.00		2 Tassen Kaffee.		
Mittagessen	13.00	200 g Putensteak, 200 g Nudeln	1 Latte-M. (0,3 l). Cola Zero (0,3 l)		
Zwischenmahlzeit	16.00	2 Äpfel			
Abendessen	18.00	2 Vollkornbrote mit Senf + Käse	1,5 l Schwarztee		
Zwischenmahlzeit	21.00	Salat Capresse (250 g Mozzarella, 2 Tomaten)	0,5 l Apfelsaftschorle (50:50). 0,5 l Cola Zero.		
Spätmahlzeit	23.00		1 Eiweißshake (0,5 l)		

Energie- und Nähstoffgehalt des Ernährungsprotokolls

Menge	Energie/ Kcal	Fett	Kohlen- hydrate	Eiweiß	Situation	Alternative
Frühstück um 6 Uhr: 165g						

Vollkornbrot	310 kcal	1,6g	62g	9,9g	Zu wenig	1 Apfel
30g Frischkäse	101 kcal	9,5g	0,8g	3,3g	Obst/Gemüse	
55g Hühnerei	85 kcal	6,2g	0,4g	7,2 g		
50g Tomate	8,5 kcal	0,1g	1,3g	0,5 g		
0,5 l Eiweißshake (mit Wasser) 30g Proteinpulver	113 kcal	0,8g	2,5g	23,9g		
Zwischen-Mahlzeit um 10 Uhr: 2 Tassen Kaffee	0 kcal	0g	0g	0g	Zuviel Kaffee, Koffeinhaltig e(Tee)Getränke werden vorgezogen zusammen mit einem Glas Wasser dazu weitere Nährstoff-zufuhr sinnvoll (Mozzarella/Tomate)	1 Tasse Kaffee 1,5l Schwarztee 1 Glas Wasser 0,3 l 125g Mozzarella 100g Tomate
Mittagessen um 13 Uhr:					Reduktion der Proteinzufuhr und Wasser als Ausgleich zur Diurese	150g Putensteak Ein Getränk ersetzen durch 0,3 l Wasser
200g Putensteak	224 kcal	4g	1g	46g		
200g Nudeln	540 kcal	13g	89,4g	16g		
Latte-M. 0,3	171kcal	3,6g	24g	9g		
Cola Zero 0,3	0,6 kcal	0g	0,3g	0,3g		
Zwischen-mahlzeit um 16 Uhr: 250g Apfel	130 kcal	1g	28,6g	0g	Weitere Nährstoff-zufuhr sinnvoll und schmack-hafter	125g Apfel 100g Naturjoghurt
Abendessen um 18 Uhr: 2 Scheiben Vollkornbrot 110g	207 kcal	1,1g	41,3g	6,6g		0,5 l Apfelsaft-schorle und 0,5l Cola-Zero, hier besser geeignet
15g Senf	13 kcal	0,6g	0,9g	0,9g		Optional: Putenbrustaufschnitt.
30g Butterkäse	90 kcal	7,1g	0g	6,6g		

8

45g Schwarztee	0 kcal	0g	0g	0g	ungünstiger Zeitpunkt	Früher trinken
Zwischenmahlzeit um 21 Uhr:						
250g Mozarella 100g Tomate	638 kcal 17 kcal	49,5g 0,2g	0g 2,6g	47,5g 1g	Zu fett- und Eiweißreich	Magerquark mit Erdbeer-Konfitüre
Apfelsaftschorle 0,5 l Cola Zero 0,5 l	123 kcal 1 kcal	0,9g 0g	26,5g 0,5g	0g 0.5g	ungünstiger Zeitpunkt	diese Getränke früher trinken, stattdessen 1 Glas Wasser (0,2l),
Spätmahlzeit um 23 Uhr:						
Eiweißshake (mit Wasser 0,5l) 30g Proteinpulver	113 kcal	0,8g	2,5g	23,9g	zu hohe Flüssigkeits- und Nährstoff-zufuhr	besser in in 0,2l Wasser

Gesamt

Flüssigkeit (l)/ „5 am Tag" (Portionen Obst und Gemüse)	Energie	Fett	Kohlen-hydrate	Eiweiß
4,5 Liter/ Obst und Gemüse Zufuhr entsprechen der Empfehlung	2885,1 kcal	Ca. 100g	Ca. 284,6g	Ca. 202,1g
Prozentualer Anteil der Gesamtenergie-zufuhr	2885 kcal = 100%	Ca. 930 kcal = ~32%	Ca. 1167 kcal = ~40,4%	Ca. 828 kcal = ~28,7%

Empfohlene Werte

mindestens 3 Liter	2707 kcal	68g-96g	187g-280g	165g-231g
Differenz				
Ok	+178 kcal	+ 4g	+4,6g	0g

3.3 Auswertung des Ernährungsprotokolls

Auf den ersten Blick fällt auf, dass das Ernährungsprotokoll von keiner gängigen Norm der gesunden Ernährungsempfehlung abweicht. Das Nährstoffstoff Verhältnis ist 32% Fett, 40% Kohlenhydrate und 29% Eiweiß und liegt ziemlich nah an der empfohlenen Nährstoffverteilung für Kraftsportler. Die Ernährung von Herr Strauß lässt sich zum Großteil dadurch verbessern, dass er den Zeitpunkt des Verzehrs bestimmter Lebensmittel verändert. Es müssen keine gravierenden Veränderungen getroffen werden. Sein Ernährungskonzept ist durchaus durchdacht, lässt sich aber in Form einer Ernährungsberatung verbessern.

Um auf die sportartspezifischen Aspekte der Ernährung von Herrn Strauss näher eingehen zu können, ist es wichtig seine sportlichen Ziele ins Auge zu fassen. Herr Strauss möchte in 2 Jahren an einem Fitnesswettkampf teilnehmen, d.h. er befindet sich momentan in einer regulären Trainingsphase ohne besondere Wettkampfvorbereitungen. Im Bodybuilding wird dies als Aufbau- bzw. Massephase bezeichnet. Seine Trainings- und Ernährungsziele sind es in den folgenden 3 Monaten 1 kg magere Körpermasse zuzunehmen, dabei kann der Körperfettgehalt geringfügig zunehmen.

Um an Körpergewicht zuzulegen sollte die tägliche Energiezufuhr den täglichen Gesamtenergiebedarf leicht übersteigen. Das ist bei Georg Strauss der Fall, allerdings ist ein täglicher Kalorien Überschuss von 178 kcal zu hoch. Empfehlenswerter ist eine kontrollierte und konstante Zunahme bei einem leichten Kalorienüberschuss. Es lässt sich sagen, dass Herr Strauss etwas Zuviel Kalorien zu sich führt. Der Schwerpunkt der Ernährungsberatung liegt darin Herr Straus den Sinn und Zweck bei der Wahl bestimmter Lebensmittel zu veranschaulichen, besonders im Hinblick auf den Zeitpunkt. Sowie auch eine kleine Veränderung der Nährstoffverteilung, so dass die Fetthaltigen Lebensmittel bewusster verzehrt werden. Die Energiezufuhr von Herr Strauß muss in etwa gleich bleiben, daher gibt es die Möglichkeit die Ernährung von weniger Fett auf mehr Kohlenhydrate zu verändern, aber auch das Eiweiß muss reduziert werden um die Energiezufuhr nicht zu hoch zu halten. Neben den Energielieferanten, gibt es weitere wichtige Aspekte die in der Ernährung beachtet werden müssen. Es gilt Beispielsweise als ratsam genug zu trinken. Der Grund ist ganz einfach, denn ein erwachsener Mensch besteht zu 70% aus Wasser. Die Ausscheidungen des Wassers durch den Harn oder die Haut betragen täglich ca. 2,5 Liter, dieser

Flüssigkeitsverlust muss ausgeglichen werden, Herr Strauß trinkt ausreichend. Ein weiteres Thema sind die Mikronährstoffe, darunter versteht man Vitamine, Mineralien und Spurenelemente, die im menschlichen Körper lebenswichtige Aufgaben erfüllen. Obst und Gemüse enthalten viele Mikronährstoffe. Frisch geerntet sind sie reichhaltiger, als industriell verarbeitet, dennoch bieten sie eine empfehlenswerte Quelle für Mikronährstoffe. Als Leitsatz hat sich der Spruch „5 am Tag" eingebürgert. Diese Befürwortung meint, dass 3 Portionen Gemüse und 2 Portionen Obst täglich verzehrt werden sollten. An dieser Stelle gibt es am Ernährungsprotokoll des Kunden nichts auszusetzen.

2.3.1 Das Frühstück um 6 Uhr

Das Frühstück von Herr Strauß sieht auf den ersten Blick solide aus. Er greift auf Vollkornbrot zu, dass liefert komplexe und langsam verdauliche Kohlenhydrate sowie auch Ballaststoffe. Optimaler wäre es, wenn er 1 Apfel bereits zu diesem Zeitpunkt ist, anstatt zur zweiten Zwischenmahlzeit 2 Stück. Dadurch führt er seinem Körper wichtige Ballaststoffe, essentielle Nährstoffe wie z.B. Vitamine und Mineralstoffe bereits am frühen Morgen zu. Der Proteinshake gibt dem Körper zusätzlich das Signal, dass er mit Nährstoffen versorgt wird, am Morgen ist das durchaus Sinnvoll.

2.3.2 Die 1. Zwischenmahlzeit um 10 Uhr

Bei der ersten Zwischenmahlzeit könnte sich die Flüssigkeitszufuhr besser gestalten lassen. 1 Kaffe Tasse kann weggelassen werden und stattdessen der Schwarztee vom Abend vorgezogen werden. Koffein bzw. Teein haltige Getränke sind nicht Schlaffördernd und bewirken eher das Gegenteil. Da sie diuretisch wirken empfiehlt sich 1 Glas Wasser anstelle des 2. Kaffee zu trinken.
Hier wäre auch eine weitere Kalorienzufuhr nützlich, da dies ein anaboles Stoffwechselmilieu schafft und der Körper mit Proteinen versorgt wird. Ein Vorschlag wäre den Mozarella mit Tomate vom Abend auf die 1. Zwischenmahlzeit zu verlegen. 125g Mozzarella sollten, im Einverständnis des Kunden, genügen. Dies vermindert die Fett und Eiweiß Zufuhr von Herrn Strauss um 24,75g Fett und 23,75g Eiweiß.

2.3.3 Das Mittagessen um 13 Uhr

Das Mittagessen bestehend aus Putensteak und Nudeln ist in Ordnung, es liefert wichtige Proteine und Kohlenhydrate, alternativ könnte er noch frisches Gemüse wie z.B. gekochte Möhren dazu essen, aber an Obst und Gemüse mangelt es dem Ernährungsprotokoll von Herrn Strauss nicht.
Es bietet es sich an das Putensteak zu reduzieren. Wie bereits erwähnt würde dies der Verminderung von Proteinen bzw. der Energiezufuhr dienen. Bei der Getränkewahl von Latte Macchiatto und Cola-Zero fällt auf das Herr Strauß relativ viel Koffein zu sich führt. Deswegen wäre es günstig eines dieser Getränke durch ein Glas Wasser zu ersetzen.

2.3.4 Die 2. Zwischenmahlzeit um 16 Uhr

Wie bereits erwähnt sollte in der 2. Zwischenmahlzeit 1 Apfel ausreichen. Um diese Mahlzeit schmackhafter zu machen, kann man den Apfel in Stücke schneiden und dazu einen kleinen Naturjoghurt verzerren. Dieser liefert wiederrum Energie und Proteine, was einem anabolen Stoffwechsel-Milieu dienlich ist.

2.3.5 Das Abendessen um 18 Uhr

Beim Abendessen sind die Scheiben Vollkornbrot die richtige Wahl. Bei Bedarf könnte der Käse am Abend durch fettarmen Putenbrustaufschnitt ersetzt werden. Es ist besser die Cola-Zero von der letzten zwischen Mahlzeit auf das Abendessen zu verlegen, sowie auch den halben Liter Apfelsaftschorle. Um 21h ist es nicht günstig noch 1 L Flüssigkeit zu sich zu nehmen, da es in der Nacht zum Gang auf die Toilette führen kann und Koffein ab 18 Uhr nicht mehr zu sich genommen werden sollte.

2.3.6 Die 3. Zwischenmahlzeit um 21 Uhr

Somit fallen alle Lebensmittel aus der letzten zwischen Mahlzeit um 21 Uhr, trotzdem wäre es sinnvoll, hier noch etwas mageres zu sich zu nehmen. Als Snack eignet sich beispielsweise 150g Magerquark mit einer kleinen Portion von 15g Konfitüre zu essen. Diese Portion enthält ca. 153 kcal, 0,5g Fett, 15,8g Kohlenhydrate und 21 g Eiweiß. Dazu kann noch ein kleines Glas Wasser von 0,2l getrunken werden.

2.3.7 Die Spätmahlzeit um 23 Uhr

Als Snack vor dem Schlafen gehen trinkt Herr Strauss noch einen halben Liter großen Proteinshake, auch hier wäre es ratsamer nur eine Menge von 0,2l Wasser zu trinken.

Vorgeschlagene Ernährungsalternativen					
Menge	Hin zu/ Fällt weg	Energie	Fett	Kohlenhydrate	Eiweiß
125g Mozzarella	Fällt weg	-319 kcal	-24,75g	- 0g	-23,75g
50g Putensteak	Fällt weg	-56 kcal	-1g	-,025g	-11,5g
100g Naturjoghurt	Hin zu	+46 kcal	+1,5g	+4,1g	+3g

150g Magerquark 25g Erdbeerkonfitüre	Hin zu	+150 kcal +67 kcal	+0,4g +0,04g	+8g +16,3g	+28g 0g
Ist-Zustand		2885 kcal	100g	285g	202g
Soll-Zustand		2773 kcal	76,19g	313g	197,8g
Prozentualer Anteil der Gesamtenergie- zufuhr		~ 100%	~25,6%	~46,3%	~29,2%

3.4 Zusammenfassung und Verhaltensdiagnose

Die IST-Situation vom Kunden Herr Strauss wurde anhand des Ernährungsprotokolls analysiert. Im folgendem werden die Parameter wie z.b. die Nährstoffrelation, die Energieaufnahme, bevorzugte Lebensmittelwahl, Flüssigkeitszufuhr und die individuelle Ernährungssituation näher betrachtet.

Obwohl Herr Strauß berufstätig ist, befindet er sich in der Lage seine Mahlzeiten regelmäßig über den Tag verteilt einzunehmen. Das ist für Bodybuilder bzw. Fitnesssportler wichtig, weil es einem anabolen, d.h. aufbauendem, Stoffwechsel Milieu dient. Die Nährstoffrelation sollte, laut den Empfehlungen für Kraftsportler 40% aus Fett, 30% aus Kohlenhydraten und 30% aus Protein betragen. Das Ernährungsprotokoll verrät, dass Herr Strauß sich bei diesem Aspekt zurechtfindet. Was ihm vorher vielleicht nicht bewusst gewesen war ist, dass er geringfügig zu viel Fett zu sich führt. Aus gesundheitlicher Perspektive mag ein solche Menge sicher keinerlei negative Konsequenzen haben, allerdings könnte das seinem ästhetischem Körperbild schaden. Die Vorschläge für sein Ernährungsprotokoll führen dazu, dass der Anteil an Fett, zugunsten von etwas mehr Kohlenhydraten, abnimmt. Herr Strauß braucht, bei seinem Aktivitätslevel, weiterhin eine relativ hohe Energiezufuhr. Dem hohen Proteinbedarf aufgrund seines Sports genügt er. Die Mikronährstoffe sind größten Teils in Obst und Gemüse enthalten, davon ist der Kunde auch ausreichend. Bei seiner Flüssigkeitszufuhr fällt auf, dass Herr Strauß die diuretische Wirkung der Koffeinhaltigen Getränke nur geringfügig ausgleicht. Deswegen bieten sich an dieser Stelle Alternativen in Richtung eines Glases Wasser zur Ergänzung der koffeinhaltigen Getränke bzw. das Weglassen einer Tasse Kaffee.

Ansonsten kann man nicht von Ernährungsfehlern sprechen, wenn man das Ernährungsprotoll betrachtet. Die Art der zugeführten Nährstoffe ist die richtige Wahl. Da Herr Strauß täglich 2 Proteinshakes trinkt umgeht er ein Zuviel an tierischen Proteinen. Es eignen sich aber auch, proteinreiche Quellen wie Tofu, Hülsenfrüchte oder Sojaprodukte hervorragend als pflanzliche Eiweißquellen. Um bei dem Thema pflanzlich zu bleiben, es würde sich bei der

Fettzufuhr auch anbieten auf pflanzliche Quellen zu greifen wie z.B. Nüsse. Die mehrfach ungesättigten Fettsäuren senken nachweislich den Cholesterinspiegel.

Generell scheint eine hohe Kalorienzufuhr für Herrn Strauß einen großen Stellenwert zu haben. Um Aussagen über die Zubereitungsformen der Lebensmittel treffen zu können, würden sich Ernährungsprotokolle mehrerer Tage gut eignen. Sein Tagesprotokoll macht einen disziplinierten Eindruck. Es weist weder Süß- noch Heißhungerattacken auf, geschweige denn, Essen in Stresssituationen. Lediglich die hohe Koffeinzufuhr stellt einen Schwachpunkt in der Flüssigkeitszufuhr von Herrn Strauss dar. Nach einer Aussage von dem Kunden, hat er sich aber mit dem Gedanken die Koffeinzufuhr zu reduzieren, angefreundet und sieht die Ergänzung von Koffeinhaltigen Getränken mit einem Glas Wasser als einen guten und motivierenden ersten Schritt.

Konkrete Maßnahmen muss Herr Strauss nicht ergreifen, es sind eher die einen oder anderen Informationen die seine tägliche Ernährung verbessern werden. Wohl dosiert von Tag zu Tag, soll der Input der Ernährungsberatung zu einer besseren Wahl der Lebensmittel und dem Zeitpunkt des Verzehrs führen.

3.5 Nahrungsergänzungsmittel

Ein Thema, dass auch bereits im Ernährungsprotokoll zu finden ist, sind Nahrungsergänzungsmittel, kurz NEM. Als Verheißungen des Bodybuilding Sports dargestellt und Zugleich einfach nur Nahrung. Den Spagat zwischen diesen beiden Polen für sich zu finden und eine klare Sicht in Bezug auf NEM, entmystifiziert Produkte wie z.B. Kre-Alkalyn oder NO-Booster. Dazu fehlt es vielen Neulingen leider an Erfahrung. In erster Linie sollte man sich fragen, was der Körper wirklich braucht und wie man beispielsweise einen richtigen Trainingsreiz setzt, anstatt auf NEM zu zugreifen. Ein guter Trainingsreiz bringt mehr als die NEM.
Dennoch können sie nützlich sein. Bei den 2 Proteinshakes von Herr Strauß ist der Vorteil offensichtlich, dass erstens die Zubereitung wenig Zeit kostet und zweitens ein hoher Proteinbedarf, durch Zugriff auf Proteinshakes leichter gedeckt werden kann. Außerdem führt er dadurch auch beispielsweise weniger tierische Produkte zu sich, um seinen Körper mit genügend Eiweiß zu versorgen, geschweige denn man ist Vegetarier und greift nicht wirklich auf tierische Eiweißquellen zu.

Ein weiterer Aspekt ist das Hohe Trainingspensum des Kunden. Jedes Training verursacht zelluläre Schäden im Organismus, die wieder repariert werden müssen, dafür benötigt der Körper Eiweiß. Nun kommt der Großteil der Konzentration in der Muskulatur als Glutamin vor. Weitere nennenswerte Aminosäuren wären Leucin, Isoleucin und Valin, auch BCAA genannt. Es kann durchaus Sinnvoll sein, diese Aminosäuren zu supplementieren. Deswegen würde ich Herr Strauss empfehlen auf diese Produkte zu zugreifen. Er kann darauf zu greifen, weil er 6-mal pro Woche trainiert und Wettkampf Ambitionen hat. Auch Kre-Alkalyn könnte für ihn ein Thema sein. „Auch besteht laut LEIBOVITZ ein nachweisbarer Zusammenhang zwischen der verstärkten Kreatinaufnahme einerseits und erhöhten Konzentrationen von Kreatinphosphat in der Muskulatur andererseits, was mehr Energie für anaerobe und hochintensive Belastungen liefert (Gießing 2007, 230)." Für Perioden intensiveren Trainings kann vom Kunden auch auf Kreatin bzw. Ph-korrektes Kre-alkalyn zu gegriffen werden. Allerdings soll differenziert werden, dass Herr Strauß kein Freizeitsportler mehr ist. Die Supplementierung mit Kreatin sollte mit Pausen erfolgen.

3.6 Fazit

Herr Strauß hat seine Ziele schriftlich formuliert. Zunächst möchte er längerfristig einen leichten Kalorienüberschuss zuführen, um den Muskel- und Masseaufbau die nötigen Nährstoffe zu liefern, weiterhin hat er vor seine Koffeinzufuhr zu reduzieren und darauf achten, den richtigen Zeitpunkt bei der Lebensmittelwahl zu treffen. Diese Umstellung stellt für ihn kein großes Verzichten dar, sondern bietet ihm die Chance sein Ziel zu erreichen, da er über genug Eigenmotivation verfügt.

Zunächst hat der Kunde sich vorgenommen am Abend das Fett wegzulassen, weil ihm dies leicht erscheint. Anschließend möchte er seine Koffeinzufuhr verändern, dies stellt auch kein großes Hindernis dar, weil das Verhältnis sich Mengenmäßig kaum verändert, allerdings der Zeitpunkt. Da ihm bewusster geworden ist, dass Zuviel Koffein dem Organismus nicht gut tut, möchte er längerfristig planen auf die eine oder andere Tasse Kaffee bzw. Tee zu verzichten. Nach 3 Monaten wird der aktuelle Stand von Herrn Strauß evaluiert und daraufhin ausgewertet, ob und inwiefern er seine Ziele erreicht hat. Das bildet wiederrum die Grundlage für die weitere Planung einer Ernährungsberatung.

Herr Strauß äußert sich zur Beratung, dass es ihm durch eine ausgewogenere und bewusstere Betrachtung seiner Ernährung sicher leichter fallen wird das Ziel, die Zunahme von 1Kg magere Körpermasse, in drei Monaten zu erreichen und geht mit neuem Motivationsschub in den Alltag.

Abbildungsverzeichnis

Abb. 1 übernommen von http://shape-blog.de/intermittierendes-fasten-marathon-training

Abb. 2 übernommen von http://www.danieleigentler.com/ern%C3%A4hrung/

Literaturverzeichnis

Breitenstein, B.: Powerbodybuilding, Rowohlt, 2007

Gießing, J.: Das Muskelaufbautraining beim Bodybuilding, Tectum, 2007

Grundlagen der Ernährung Lehrscript, Academy of Sports

Rauscher, Sporternährung Lehrscript, Academy of Sports

Internet

http://das-ist-drin.de/Coca-Cola-Coke-Zero-1-25-l--7330/

http://www.yazio.de/kalorientabelle/kaffee-latte-macchiato.html

http://www.welt.de/gesundheit/article110187381/Wie-viel-Wasser-ist-wirklich-gesund.html

http://www.fitrechner.de/cgi-bin/kalorienrechner.pl?t=tembaske&userid=8927361497926&change=1&G_MODE=&G_AL TER=23&G_GROESSE=1%2C76&G_GEWICHT=80&G_ART=Mann

http://www.naehrwertrechner.de

http://ernaehrungsstudio.nestle.de/start/rezepteundkochtipps/kochtipps/SchonendGaren.htm